Jörg Zink

Genieße den Reichtum der Jahre

Genieße den Reichtum der Jahre

JÖRG ZINK

KREUZ

MIX
Papier aus verantwortungsvollen Quellen
FSC® C106847
www.fsc.org

Herausgegeben von Rolf Hartmann

2. Auflage 2012

www.kreuz-verlag.de
Umschlaggestaltung: agentur IDee

Umschlagmotiv: © Olga Ermolaeva/istockphoto.com

Satz: Arnold & Domnick, Leipzig
Herstellung: fgb · freiburger graphische betriebe
www.fgb.de

Printed in Germany

ISBN 978-3-451-61079-0

Inhalt

Brücken

Im Laufe der Jahre
gehen wir langsamer über unsere Brücken.

Die Wasser reißen nicht mehr so gewaltig,
sie fließen gemächlicher. Sie ruhen fast,
und die Brücke und der Himmel spiegeln sich.

Ich finde es gut, dass ich älter werde.
Denn es ist nur mein Körper,
der seine Frische verliert, seine Spannkraft.
Die Seele altert nicht. Sie wird tiefer
und füllt sich mit Erfahrung und Gelassenheit.

Der Geist altert nicht.
Er ist näher an der Wahrheit
und freier zu neuen Einsichten.

I.

Leben im Jetzt

Träume

Wozu wird man alt?, fragt sich mancher und kann nichts Nützliches darin sehen, dass seine Kräfte abnehmen. Aber diese Veränderung hat eine Botschaft in sich: Du wirst noch gebraucht, du hast noch etwas zu tun. Vielleicht nicht einmal für andere Menschen, wohl aber für den neuen Menschen in dir selbst. Und wenn dir das nichts sagen will, dann fang damit an, dass du auf deine Träume achtest und den Engeln, die dir dabei begegnen, vertraust.

Und was wir in der Begegnung mit Träumen erfahren können, das ist, dass uns auf diesem Weg ein Strom geistig-seelischer Kräfte, kosmischer Kräfte, entgegenkommt. Denn Träume sind keineswegs Schäume, sie sind ein Ort, an dem Kräfte spielen, kämpfen, sich ausdrücken, auftauchen und weggehen. Wie Gedanken nicht aus Luft bestehen, sondern Energien sind, so sind es noch viel mehr die Träume. Wer das einmal ernst genommen hat, für den ist die Vorstellung von Wesen und Mächten außerhalb und oberhalb des Menschen im Grunde einfach und selbstverständlich. Ich habe einige der wichtigsten Einsichten in meinem Leben aus Träumen empfangen, nicht durch das, was der Kopf bei Tage dachte.

Gelassenheit ist eine Art anhaltender Geistesgegenwart, die den Horchenden und Schauenden souverän macht, unabhängig, vornehm, gesammelt und bescheiden zugleich. In der Gelassenheit liegt das Vertrauen, dass die Klaviatur des Lebens nicht nur eine Oktave umspannt, sondern mehrere, über die Hörfähigkeit eines menschlichen Ohrs hinaus unendliche. Und dass ihre Töne unser Ohr finden in dem Augenblick, in dem sie uns bestimmt sind.

Präsenz

Sei anwesend. Sei bewusst dort, wo du jetzt bist, innerlich oder äußerlich, und nicht anderswo. Lebe bewusst in der Stunde, die jetzt ist, und nicht irgendwo in deinen Erinnerungen oder in deinen Plänen. Sei dir nicht voraus und nicht hinter dir her. Lebe jetzt, im jetzigen Augenblick, und bringe deinen ganzen Menschen mit – so wie er jetzt ist.

Die Freiheit des Augenblicks

Zu wissen, welche Stunde die Uhr geschlagen hat, sich selbst in der Lebensphase zu sehen, in der man wirklich steht, ist sehr schwer. Die meisten Menschen träumen sich voraus in die Zukunft oder hängen an der Vergangenheit. Sie halten die Phase des Erfolgs fest, wenn es um Erfolg längst nicht mehr geht, die Phasen des Leistens oder des Genießens, wenn Leid und Verzicht längst im Zimmer stehen. Viele andere wähnen sich in der Phase des Abbauens und des Ermüdens, solange noch gesunde Kräfte genug da sind. Die Uhren gehen falsch, und weil man die falsche Stunde abliest, hadert man mit dem Schicksal. Gingen die Uhren richtig, gäbe es bei Weitem mehr Freiheit zu eigenen freien Entscheidungen.

Wieder andere verlieren die Freiheit zu ihrem eigenen Ja, weil sie zwar ihr Geschick bejahen, aber sich selbst verneinen: Ich habe es verdient. Es musste so kommen. Das entspricht mir. Ich bin

selbst schuld. Und das ist gefährlich, weil es nicht ein Ja zu einem Auftrag ausdrückt, sondern die Hinnahme einer Strafe.
Jesus sagt: „Es muss erfüllt werden, was geschrieben ist." Das heißt: Meinem Geschick liegt ein Plan zugrunde, eine Absicht, ein Wille. Der mir mein Schicksal zumisst, hat ein Ziel im Auge. Diesem Willen füge ich mich in Freiheit. Die Jünger gehen hinterher. Sie sehen, was Jesus tut. Sie können im Weg Jesu ihren eigenen Weg erkennen, abschätzen und bejahen. Sie können, auch wenn sie immer wieder in Angst und Abwehr zurückfallen werden, doch durchaus in die Freiheit durchstoßen, die Jesus ihnen eröffnet hat. Sie wissen von nun an, dass Freiheit kein Traum ist.

Erfahrungen

Ich bin an vielen Ecken vorbeigekommen, an denen ich nicht recht wusste, was ich tun sollte, und oft wusste ich es erst hinterher. Aber so ist das eben: Manches weiß man hinterher und kann es denen sagen, die noch davor stehen. Natürlich kann man, was man im Leben gelernt hat, nicht vererben wie ein Haus, aber man kann seine kleinen Erfahrungen zu den großen und wichtigen Erfahrungen legen, die die Menschheit seit der Steinzeit gemacht hat, und wenn einer sich für sie interessiert, kann man sie ihm auch weitergeben.

Mein Freund, der Baum

Ich liebe alte Bäume
in ihrer Kraft und ihrer Zerbrechlichkeit.
Es gibt eine seltsame Verwandtschaft
zwischen uns Menschen und den Bäumen,
und ich gehe gerne Stunden,
um einen bestimmten Baum zu sehen,
der nach einem halben Jahrtausend noch grünt
oder, wenn der Winter kommt,
mit seiner harten Struktur
vor dem grauen Himmel steht.

Ich sehe das nicht romantisch.
Es geht mich an.
Es geht um meine eigene Lebendigkeit,
mein Wachstum, mein Stehvermögen
bis in meine späten Jahre.

Lebenszeiten

Wenn wir am Ende unseres Lebens zusammenzählen, wie viel Zeit wir wirklich gelebt haben, ergibt sich möglicherweise eine erschreckend kurze Zeitspanne. Vielleicht werden es zusammengerechnet fünf Jahre sein, vielleicht nur ein paar Monate oder Wochen. Alles andere war Alltag, Routine oder Erfüllung von Pflichten und allenfalls noch Erwartung des wirklichen Lebens, Hoffnung auf die Erfüllung, die später einmal kommen würde. Wenn wir dann fragen, was denn in jenen guten Zeiten unseres Lebens gut war, stellen wir vielleicht fest: Es waren die Zeiten, in denen eine Kraft da war – nicht unsere eigene –, die wir in Anspruch nehmen konnten.

Ich werde gerne alt

Es ist deutlich: Ich werde alt.
Ich stand im Garten,
die Rebschere in der Hand,
neulich, an einem lauen und schönen Abend.
Drei Schritte seitwärts meine Frau.
Sie sagte etwas, aber ich verstand sie nicht.
Man hört nicht mehr wie früher.
Ich fragte zurück.
Sie möchte wissen, ob ich Mittwochabend
Zeit hätte. Müllers wollten vorbeischauen.

Der Kalender liegt im Untergeschoss.
Ich gehe die Treppe hinab und merke unten:
Ich habe vergessen, weshalb ich herabkam.
Es fällt mir wieder ein: Ach ja! Müllers.
Beim Griff nach dem Kalender stelle ich fest:
Die Brille liegt oben.
Ich gehe also nach oben, sie holen,
und komme wieder.
Schließlich finde ich den Mittwoch.

Während ich zum zweiten Mal nach oben steige,
Stufe für Stufe,
fühle ich einen feinen Druck in den Knien.
Und oben fange ich an zu suchen:
Wo habe ich nur die Rebschere gelassen?
Kein Zweifel: Ich werde alt.

Aber merkwürdig: Ich finde es schön.
Was schadet's, dass mir Namen entfallen,
die mir gestern genannt wurden?
Dass alles langsamer geht,
auch mühsamer natürlich?
Ich werde gerne alt.

Ich habe es schön wie der alte Ahorn,
an dem ich kürzlich in den Bergen vorbeikam.
Ich darf einfach da sein und leben.
Ich bin endlich erwachsen und ein freier Mensch.

Fürchte dich nicht!

Nicht zu fürchten braucht man das Älterwerden, das Abnehmen der Kräfte, denn so ist unser Leben nun einmal geordnet. Wie sollte man etwas fürchten, das Sinn hat?

Fürchten könnte man sich davor, dass man den Sinn der Stunde verfehlt, indem man Früheres festhält und den Platz behauptet, den man eigentlich verlassen sollte. Niemals aber fürchte den Schritt in den nächsten Tag.

Ein gutes Wort

Von Petrus wird erzählt, er sei eines Tages einem Gelähmten begegnet, der ihn um Geld anbettelte. Da habe Petrus gesagt: „Gold und Silber habe ich nicht, was ich aber habe, das gebe ich dir." Und nahm ihn an der Hand und richtete ihn auf. Von einem bestimmten Alter an soll man das mitsprechen. Das alles, um das wir uns ein Leben lang Sorgen gemacht haben, habe ich nicht mehr. Ich kann vieles nicht mehr, was andere können. Ich tue vieles nicht mehr, was andere tun. Ich leiste nicht mehr, was andere leisten. Was ich aber habe, das ist ein gutes Wort. Keine Klage über die böse Welt, keine Suche nach Schuldigen für dieses oder jenes Elend, kein Einstimmen in das alltägliche Lamentieren. Sondern ein Wort, das ich von ihm, dem Einzigen, auf den zu hören sich bis ans Ende lohnt, gehört habe. Ein Wort aus der lebendigen Stille, in der ich höre. Und vielleicht lernt doch dieser oder jener an seiner Seele gelähmte Mensch das Gehen.

Den Augenblick leben

Nur der Augenblick gehört dir. Die Vergangenheit ist vorbei. Was die Zukunft bringt, weißt du nicht. Also wende dich dem Augenblick freundlich zu. Was du hastig tust, weil deine Gedanken in der Zeit vorauslaufen, kannst du nicht sorgfältig tun. Du verdirbst den Augenblick, in dem doch alles seinen Sinn findet.

Wenn du etwas Schönes siehst, dann lass dir Zeit. Wo etwas Heilendes geschieht, da bleib lange stehen. Ein Zeitverschwender aber wirst du sein müssen, wenn jemand deine Liebe braucht, deine Hilfe oder deinen Trost. Wo dir Trauer begegnet oder Leid, da ist es Zeit für viel Zeit. Denn die Zeit weitet sich, wo Wichtiges geschieht. Am Ende wird kaum etwas Schöneres über dich gesagt werden können als: „Er – oder sie – hat Zeit für mich gehabt.“ Und das will heißen: Er hat ein Stück von sich für mich hingegeben.

Nimm alles auf

Nimm auf, was zu dir kommen will:
Trauriges, Kummervolles.
Einsamkeit, Bedürftigkeit,
Leiden unter Sinnlosigkeit
und der Schwäche des Glaubens.
Ungeklärtes. Unvereinbares.
Nimm es auf.
Es sitzt am Tisch wie ein Gast,
es will bewirtet sein.

Und gib, was du zu geben hast:
Geduld, Gelassenheit, Wärme des Herzens.
Vielleicht ein Wort. Vielleicht ein Zeichen.
Vielleicht eine Deutung.
Vielleicht einen Gedanken.
Hoffnung vor allem.
Das Vertrauen, dass nichts unüberwindbar ist,
nichts endgültig in dieser Welt.

Lebendige Zeit

Und so danke ich für jeden Schlag der Uhr, den ich höre, und für jeden Morgen, den ich erlebe. Ich bitte Gott nicht, er möge mir mehr Zeit geben; ich bitte ihn vielmehr um die Kraft und die Gelassenheit, jede Stunde mit dem zu füllen, was notwendig ist. Ich bitte ihn darum, dass ich ein wenig von dieser Zeit freihalten kann und darf von Befehl und Pflicht, ein wenig für Stille, für das Spiel, für die Menschen am Rande meines Lebens. Jede Stunde ist ein Streifen Land, den ich öffnen kann mit dem Pflug meiner Arbeit. Ich möchte Liebe hineinwerfen, Gedanken, Gespräche, Trost und Segen für viele, damit am Ende etwas wie Frucht gewachsen ist.

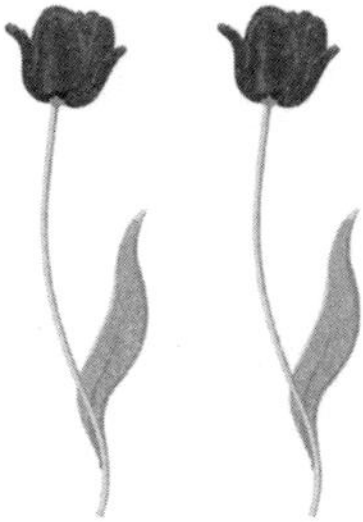

II.

Die Kunst des Älterwerdens

Achtsam sein

Alt werden heißt sich wandeln. Freiwillig oder nicht. Ich kann mich wegschieben lassen zum alten Eisen oder ich kann mich wegrufen lassen von einem Meister, der mich neu in die Lehre nimmt, und dabei das Sprechen lernen.
Wie ich das üben kann? Vielleicht so, dass ich lerne, ein Vogelgezwitscher deutlicher zu vernehmen als den Straßenlärm, der es übertönt. Oder das Rinnen eines Baches in mein Ohr einzulassen, statt des Geplappers der Menschen. Oder die innere Musik zu vernehmen, die das Kind David in die Seele des alten Saul hineingespielt hat, sodass es ihm „leichter und besser" wurde.

Das Leben genießen

Das Alter besteht nicht nur
aus unseren Irrtümern,
sondern lebt auch aus der Wahrheit,
dass uns die späten Jahre von Gott zugedacht sind
und wir sie füllen und genießen dürfen,
solange wir die Kräfte haben.
Denn wer genießbar bleiben will,
muss genießen können.
Eine strenge Lebensweise macht viele hart und scharf.

Bei aller Mühe werden wir nicht erreichen,
mit dem Willen Gottes eins zu sein.
Aber einen Punkt gibt es:
Wenn Gott uns einen schönen Tag gibt
und wir ihn von Herzen genießen,
erfüllen wir seinen Willen.

Der Prediger Salomo sagt:
„Süß ist das Licht und lieblich den Augen,
die Sonne zu sehen. Lebt einer hundert Jahre,
so sei er fröhlich in ihnen allen
und denke der Tage der Dunkelheit,
deren viele kommen."

„Der Heitere", sagt Shakespeare,
„ist der Meister seiner Seele."

Achten wir darauf, was wir sehen.
Wer seinen Augen erlaubt,
in alles Dunkle zu schauen,
sieht überall Schatten
und wird am Ende nachtkrank sein.

Wer nach Helligkeit ausschaut,
öffnet heilenden Kräften den Weg in seine Seele.
Er gewinnt die Kraft, zu bejahen und zu lieben.
Er wird gesegnet sein.

Das Gute sehen

Letztlich entscheiden unsere Augen, was wir sehen. Wenn wir wollen, sehen wir überall den Schatten des Bösen. Und wenn wir wollen, nehmen wir das Licht der Engel wahr. Unsere Augen wählen aus. Wenn wir Finsternis sehen und sie einlassen, machen wir uns selbst krank, nachtkrank. Wenn wir das Licht zu sehen bereit sind, öffnen wir einer heilenden Kraft den Weg in unsere Seele. Wie kann man das üben? Es sind sehr einfache Dinge – wie beim Einüben des Hörens. Ob es um einen Menschen her schön ist, das ist nicht gleichgültig. Ob jemand fähig ist, für sich allein einen schönen Tisch zu decken, kann ein Zeichen dafür sein, ob er fähig ist, in der Welt überhaupt das zu sehen, was heilt, was ordnet, was Kräfte gibt und die Lebendigkeit des inneren Menschen weckt. Wer sich in äußeren Dingen gehen lässt, lässt den Haushalt in sich selbst verkommen. Auch die Seele ist ein Haus, entweder ein Haus, in dem die Trauer herrscht, oder ein Haus, wo Lichter brennen, wo Menschen zusammenfinden und Lebendigkeit und Lachen zu Hause sind. Ob jemand für sich selbst ein Licht anzünden kann, ob jemand mit sich selbst freundlich umgeht, das zeigt, ob er sich als Kind Gottes fühlt oder nicht. Das Leben soll etwas Festliches an sich tragen und immer wieder von einem festlichen Tag bestimmt sein.

Wenn jemand sich einmal vorgenommen hat, täglich zehn Dinge schön zu finden, dann begegnet er täglich nicht nur zehn, sondern hundert schönen Dingen. Und das ist nun Nahrung für die Seele, Atem für die Seele, Heilmittel und Wohltat. Er lernt, und das ist das Wichtigste, wenn jemand in dieser Welt etwas von Gott wahrnehmen will, das Staunen und das Lieben. Die Staunenden und die Liebenden leben gesegnet. Sie finden, was schön ist, auch in den Menschen, und sie können die Menschen, diese seltsamen Lebewesen auf Gottes Erde, auch ein wenig lieben.

Wer bin ich?

Ein ganzes Leben reicht nicht,
zu verstehen, was in uns selbst ist,
wahrzunehmen, wer wir selbst sind.

Aber die Jahre führen uns gleichsam
durch Tageszeiten,
durch Morgen und Mittag, Abend und Nacht.
Und immer wieder begegnen wir
anderen Kräften, anderen Aufträgen,
immer wieder machen wir
andere Erfahrungen
mit uns selbst.

Dem Leben vertrauen

Die wichtigsten Fragen, die wir stellen können, lassen sich am schwersten lösen. Niemand hat bisher die Antwort gefunden auf die Frage nach dem Sinn des Lebens. Aber wir können einen Glauben finden, der so ist, dass wir unsere bohrenden und quälenden Fragen aus der Hand legen können. Er gibt zwar keinen Bescheid, aber er bringt den Frieden, und der Friede ist mehr als alles Wissen über die Rätsel und Geheimnisse der Welt. Und er bringt am Ende das Vertrauen, dass in der Mitte auch der dunkelsten Nacht ein lichter Tag beginnt, der Tag Gottes, an dem wir in ein neues Leben aufstehen, hier noch auf unserer Erde und am Ende, wenn wir in einer anderen Welt wieder erwachen.

Altersweisheit

Ich wünsche ein wenig von dem, was man Altersweisheit nennt. So, wie ich sie verstehe, ist sie nicht die Weisheit alter Menschen, sondern die Weisheit, die je unserem Alter entspricht. Die Weisheit eines Kindes ist eine andere als die eines Erwachsenen und die Weisheit eines Jugendlichen eine andere als die eines Alten. Jedes Alter hat seine Weisheit. Denn Weisheit ist ja nicht einfach nur die lange Erfahrung, die bewährte Routine oder das angesammelte Wissen, sondern ein weites und nachdenkliches Herz. Sie ist ein Wissen darüber, was jetzt eben richtig ist.
Weisheit ist nach der Bibel die Kraft, Gedanken und Tatsachen nüchtern zusammenzusehen, das praktische Wissen um die Wege zum Leben und zum Glück. Sie meint, man lerne sie nicht durch Weitläufigkeit, sondern durch die Bereitschaft, schmale und schwierige Wege zu gehen; und sie sagt klar, dass immer am ertragreichsten die Wege

seien, die durch Leid führen; und wer Weisheit gefunden habe, sei bereit, sich unter viel Last zu beugen.

Wenn Gott dir diese Art Weisheit gibt, dann kannst du etwa so sagen: Was immer mir widerfährt oder widerfahren kann, es läuft eine Linie durch meine Jahre. Von einer wissenden Macht gezogen. Von Gott. Nichts geschieht einfach so. Es geschieht alles auf mich zu. Was um mich her geschieht, spricht zu mir und meint mich. Was ich erfahre, will an mir etwas ändern.

Was ich Zufall nenne, fällt mir zu. Es ist mir zugedacht. Von wem sollte es mir zufallen, wenn nicht von Gott? Was mir Gutes einfällt, ist ein Gedanke, der irgendwoher einfällt und mich meint. Von wem sollte es einfallen, wenn nicht von Gott?

Alles, was geschieht, geschieht auf mich zu. Alle Wahrheit, die ich verstehe, hat ihren Ursprung in Gott. Alle Liebe, die ich gebe oder empfange, ist der Hauch einer Erfahrung Gottes. Alle Lebenskraft, die mich erfüllt, ist ein Teil der Kraft Gottes, die das Universum erfüllt.

Alles, was mir schwer aufliegt, was ich also tragen soll, hat mir einer auferlegt. Ich öffne mich also dem, was kommt. Ich öffne mich dem, der zu mir kommt und aus dem alles ist, was mein Leben und mein Schicksal ausmacht.

Milde

Ich möchte immer mehr wahrnehmen.
Alles ist wunderbar für offene Augen.

Für alles danken.
So meidet man die Bitterkeit.

Verzeihen, ohne Aufheben davon zu machen.
So gibt man immer mehr Raum.

Immer weniger mit Gewalt tun
und immer mehr durch Freundlichkeit
und Geduld.

Immer weniger hassen und ablehnen.
Sich an immer mehr mitfreuen.

Die Dinge, die ich besitze,
weniger wichtig nehmen.
Wichtig ist ja nur, was ich mit ihnen tue.

Die Dinge, die für die Jungen wichtig sind,
aufgeben mit leiser Selbstverständlichkeit.

Prinzipien sind unwichtig.
Im Ernstfall genügt ein wenig Barmherzigkeit.

Am Ende immer weniger fordern
und immer weniger verweigern.

Gelassenheit

Du kannst allmählich dahin kommen, dass du freundlich und gelassen deine Ansprüche an dein eigenes Können abbaust. Neulich traf ich eine alte Dame, die mit einem weisen und nachsichtigen Lächeln feststellte: „Es macht nichts, dass ich mir nichts mehr merken kann. Dafür vergesse ich umso mehr.“ Eine andere alte Dame meinte: „Jetzt weiß ich, wozu man pensioniert wird, damit man Zeit hat, seine Brille zu suchen.“ Solche Weisheit und Gelassenheit findet man nicht plötzlich, wenn man alt ist. Sie wollen ein Leben lang gesucht und eingeübt sein.

Aufbruch

Warum eigentlich ist der Herbst für so viele
die Zeit aufkommender Schwermut?
Vielleicht darum,
weil die elementare Verbindung
zum Geschehen draußen in der Natur
und drunten unter unseren Füßen fehlt?
Leiden sie nicht desto wehrloser,
je schwächer die Wurzeln sind,
unter den Zeichen des Sterbens,
unter Herbstlaub und Regen,
Nebel und früher Dämmerung?

Vielleicht müssen wir alle neu beginnen,
die Schritte zu üben, die der Herbst fordert.
Wir sollen ja unser Leben
weder wegwerfen noch festhalten.
Denn ob wir uns nach dem Tode sehnen
oder uns vor ihm ängsten,
was uns immer wieder fehlt,
ist der einfache Mut,
es mit dem Leben aufzunehmen,
solange es uns gegeben ist.

Loslassen können

Es werden Tage für dich kommen, an denen es wichtiger ist, geduldig zu sein, als tüchtig. An denen es nützlicher ist, Schmerzen ertragen zu können, als erfolgreich zu wirken. An denen es nötiger ist, sich fügen zu können, als zu befehlen; sinnvoller, Einsamkeit bestehen zu können, als mitzureden. Du wirst auf anderen Gebieten geübt sein müssen als auf denen, die dir gewohnt sind.

Du bist gewöhnt, was dein Leben betrifft, selbst zu entscheiden und selbst zu handeln. Mach dir klar, dass genau dies einer der Irrtümer unserer Zeit ist. Niemand entscheidet selbst. Niemand handelt allein. Was wir entscheiden, ist uns von allen Seiten vorgezeichnet. Was wir sind, sind wir durch unzählige fremde Bedingungen und durch unzählige andere Menschen. Was wir tun, können wir tun, weil die anderen mit uns auf dieser Erde handeln, leiden oder wirken. Dies zu sehen ist nötig. Du weißt nicht, wie lange es dauern wird, bis du um jedes Glas Wasser bitten musst und bis du dankbar bist, wenn eine fremde Hand dich wäscht. Mach dir täglich deine Abhängigkeit von allem, was dich umgibt, von Dingen und Menschen klar. Und übe die Dankbarkeit dafür ein, dass sie alle dir dein Leben und Entscheiden ermöglichen.

Für Wahrheit eintreten

Vielleicht ist dies eine Aufgabe,
die in unserer heutigen Welt mehr und mehr
wieder dem älteren Menschen zufällt.

Wir finden heute Einsicht,
wir finden unser Urteil über gut und böse,
über wahr und falsch
spät im Leben.
„Weisheit" ist ein Wort,
das anzeigt, worauf heute
die Erwartung einer ratlosen Menschheit
sich zunehmend richtet.

In alten Völkern wurde Erfahrung,
wurde die Frucht eines Lebens
weitergegeben,
indem der Alte Geschichten erzählte.

Für Wahrheit eintreten,
das könnte auch heißen,
die goldenen Äpfel der Erfahrung,
der Liebe und der Barmherzigkeit
weiterzureichen,
die Früchte des Herbstes.

Im Einverständnis leben

Das Altern begleitet uns durch unser ganzes Leben, und es kommt darauf an, sich mit diesem merkwürdigen Grundgesetz des Schwächerwerdens und des Abnehmens einverstanden zu erklären.

Ein anderes Grundgesetz hängt mit diesem ersten zusammen: die Tatsache, die besagt, du werdest irgendwann, vielleicht bald, vielleicht später, auf dieser Erde nicht mehr anzutreffen sein. Der Tod ist gegenwärtig, solange wir leben, und er begegnet in jeder Altersstufe. Es ist nicht viel damit geleistet, wenn du ihn verdrängst. Beide, das Altern und das Sterben, sind elementare Aufgaben für den inneren Weg, und das in jeder Altersstufe. Mit beiden wirst du Frieden schließen müssen. Du lebst auf Abruf. Lebe also so, dass du zustimmen kannst, wenn deine Kräfte abnehmen und wenn du den Abruf hörst.

Auf ein Ziel zugehen

Gott, ich weiß, dass ich einem Ziel zugehe,
dass der große Markttag auf der Erde
ein Ende hat
und dass ich zuletzt eine Brücke brauche,
die mich über den großen Strom trägt
an ein anderes, fremdes Ufer,
an dem du mich empfängst.

Du selbst bist die Brücke.
Ich gehe meinen Weg mit Zagen.
Aber ich vertraue dir,
dass du mich führen und tragen wirst.
Ich verlasse mich auf dich.

Und ich wünsche mir, dass die Feste,
die wir hier feiern, etwas vorwegnehmen
von jenem Tag,

an dem wir die letzte Brücke überschreiten
mit einem leichten Schritt
und weitergehen dorthin,
wo du uns die Herberge bestimmt hast
in deinem Reich.

Weite erleben

Könnte das Haus, in dem wir wohnen, nicht viel größer sein? Könnte unsere Verantwortung für uns selbst nicht viel größer sein, als wir bisher annahmen? Könnte unsere Erkenntnis nicht viel weiter reichen, als wir bisher dachten? Könnte die Energie in uns nicht viel mächtiger sein als diejenige, die wir bisher in Anspruch nahmen? Könnten unsere Entscheidungen nicht viel weiter tragen, als wir meinten? Und könnte es nicht sein, dass der Heilige Geist mehr ist als ein Wort, nämlich eine Kraft? Könnte es nicht sein, dass die „Aussicht nach drüben" doch nicht ganz so hoffnungslos verrammelt wäre? Sind wir also nicht allesamt viel zu zaghaft in unseren Erwartungen und Hoffnungen? Die Frage ist nur, wie viel wir fassen können, wie groß die Welt sein darf, die wir aushalten. Aber wer Erfahrungen nicht verdrängt, der erfährt nicht nur Auflösung und Unsicherheit, er findet auch die Kraft zu wachsen. Denn Weisheit besteht auch und vor allem in der Fähigkeit, mehr zu sehen, als das Auge wahrnimmt, mehr zu hören, als was sich dem äußeren Ohr bemerkbar macht. Sie besteht in einer Fühligkeit und Intuition, wie das Kind sie hat.

Reifen

In fast allen Kammern deiner Seele gibt es Anfangszustände und Zustände der Reife. Und wenn du im Alter einen gewissen Frieden erreicht hast, dann rührt dieser Friede wohl auch daher, dass in dir Kräfte zur Reife gekommen sind und eine Ernte eingebracht werden kann.

Neues entsteht

Es liegt ja etwas ganz und gar Gegenläufiges im zunehmenden Alter.
Es ist doch nicht so, dass alles an uns nur alt wird und nichts mehr neu entsteht.

Es will gegen die Grenze unseres Lebens hin
etwas Neues in uns beginnen.
Die Eingeweihten sagen es von jeher:
Etwas Großes und Wunderbares
will in dir anfangen.
Es ist wie ein Kind, das in dir wächst.
Ein Leben, das bleibt –
über das Ende dieses Lebens hinaus.
Ein Neuanfang in der Mitte deiner Seele.
Ein neuer Mensch, sagt das Evangelium.

Schütze also den stillen Raum,
in dem das geschieht,
und halte dich nicht mit dem auf,
was vergehen will,
mit deinem Tageskram und
deinen Nachtgedanken.

Solange wir leben, arbeitet Gott an uns.
Und wo Gott wirkt, wächst Neues,
Lebenskräfte, Heilendes, Erlösendes.
Und so in uns: der neue Mensch aus Gott.

III.

Gehalten sein

Gottvertrauen

Ich glaube, dass Gott uns in jeder Situation so viel Kraft geben wird, wie wir brauchen. Aber es gehört zu meinem Glauben, dass er sie uns nicht im Voraus geben wird, sodass wir uns in dem Bewusstsein wiegen könnten, es sei unsere Kraft, die seinen Willen erfüllt.

Die alte Scheune

Auf Wanderungen im Gebirge begegnen uns immer wieder leere Scheunen auf den Matten und zwischen den Bäumen. Alt und verwittert das Holz, alt die Dächer und die Steine, die darauf liegen, dunkel der Innenraum, leer. Wie oft mag hier – generationenlang – einer Heu eingefahren haben, duftendes Heu, Nahrung für viele Tiermäuler in langen Wintern! Wie oft mag dieser Raum gefüllt und wieder geleert worden sein!
Ich bin gerne an solchen Scheunen. Meist steht eine Bank davor für den, der Zeit hat. Wenn einer alt genug ist, fühlt er sich wie das Holz, an das er sich lehnt. Nach einem langen Leben, das voller Ernten war, in dem Sturm und Schneelast, Sonne und Bläue und wieder Ernte und wieder Leere einander folgten. Wenn das Haus dann seine Zeit gehabt hat, steht es noch lange da, leer und scheinbar nutzlos. Aber wir Menschen, die vom Weg abgehen, um vor einer solchen Hütte zu sit-

zen, müssen wohl die Gelassenheit lernen, die dieses Holz hat. Mag sein, dass die Ernte unseres Lebens längst verbraucht ist, dass wir nichts festhalten konnten, dass wir nichts mehr anzubieten haben, wenn uns einer nach unserer Ernte fragt. Aber ich finde diesen Zustand gut: eine leere Hütte sein, die nur noch auf das wartet, was Gott in sie einbringen wird.

Aber in einem unterscheiden wir uns von einer Almhütte. Unser Vertrauen ist nicht nur ein Ruhen in Gott, es ist ein höchst aktives Zugehen auf die Zusagen Gottes, von denen unsere Erwartung sich nährt. Kräfte sind uns zugedacht. Und wir, die Wartenden, sagen: Ich nehme diese Kräfte in Anspruch. Sie sind da. Geist von Gott ist uns zugesagt. Also ist es nicht unbescheiden, zu vertrauen, dass er uns gegeben ist. Gedanken Gottes zu denken ist uns erlaubt. Also denken wir sie und vertrauen darauf, dass wir den Gedanken Gottes mit unseren Gedanken auf der Spur sind. Wir durchleiden, durchlieben, durchleuchten, was immer uns entgegenkommt, und nehmen Gott bei seinem Wort.

Lebenskraft

Bei all dem Rückblicken und Vorausahnen wird uns wohl auch deutlicher, wovon wir reden, wenn wir Gott sagen. Es fällt viel ab von kindlichen Bildern und törichten Meinungen, und wir schauen jene große Mächtigkeit, die war, die ist und die bleiben wird und die uns meint und liebt und bewahrt.

Wir sprechen von Christus und meinen den, der am Ostermorgen am Ufer jenes Sees in Galiläa stand, die lichte, transparente Gestalt, die unser Leben lang die wirkende Kraft in unserer eigenen Seele gewesen ist.

Wir sprechen vom Geist Gottes, jener lebendigen Kraft, die uns neu zum Leben rufen wird, von jenem Licht, das uns durchdringen wird, wenn wir Gott schauen.

Muss ich mehr wissen? Ich meine nicht. Ich muss es nur fassen und bewahren, wie ich selbst eingefasst und bewahrt bin.

Christus in mir

Das Bild eines Baums, einer alten Buche, hilft mir dabei, Hoffnung zu bewahren. Sie steht an einem verborgenen Platz im Tal der Wildgutach im Schwarzwald. Vor mehr als hundert Jahren hatte jemand ein Kruzifix, einen aus Stein gehauenen Christus, an ihrem Stamm befestigt. Dann wuchs der Baum um die Figur herum und schloss die Christusgestalt allmählich immer mehr ein, unmerklich und in langen Zeiten. Eines Tages wird er ihn ganz einschließen. Heute schaut nur noch der Kopf mit dem Gesicht des Leidenden zwischen den Wülsten der Rinde hervor. Am Ende wird der Stamm wieder heil sein und Christus unsichtbar in sich bergen.

Der Grund meiner Hoffnung ist, dass ich Gott in mir weiß, den Gott, der aus dem Wort, das in mich fiel, in mir gewachsen ist, der immer mehr von meinem eigenen Wesen verbraucht durch sein Wachstum. Ist es dann noch wichtig, wer ich selbst sein werde?

Ich weiß, dass ich auf keine Weise Gott bin. Aber ich weiß auch, dass der, der allein Gott ist, in mir Wurzel geschlagen hat. Das ist der Grund der Demut wie des Stolzes. Ich bin Gras, „das am Morgen blüht und am Abend verdorrt“, ich bin aber auch der Grund, aus dem die Blüte, die Gott ist, aufwächst, wenn ich darauf verzichte, selbst Blüte zu sein. Was ich also bin am Ende meines Lebens, ist nichts, was aus mir selbst ist.

Geborgen in Gott

Was meine Zukunft bringen wird,
weiß ich nicht.
Ich muss es nicht wissen.
Ich bin in Gott. Ich werde in Gott sein.
Ich ruhe in der Ruhe Gottes. Das genügt mir.

Leid und Unglück sind nicht das Letzte.
Wenn die Nacht vorüber ist, kommt der Tag.
Er wird mich in Licht verwandeln.

Ich gehe an den Tisch,
an den Jesus seine Leute eingeladen hat.
Das Haus ist offen. Der Tisch ist frei.
Er ist gedeckt. Ich werde zu Hause sein.

Licht ist das Ziel

Wenn ich mich befrage, was für Bilder meinen Glauben geprägt haben, welche Erfahrungen, welche Zeiten oder Orte, dann finde ich mich immer wieder in der Stunde vor Sonnenaufgang. Ich weiß, dass die Sonne kommt und nicht ausbleiben wird. Mein Ziel wird das Licht sein. Der Tag. Ich muss, was das für mich bedeutet, nicht beschreiben können. Der Tag wird mich überwältigen. Alles, das Helle, das Große, das Licht wird da sein.

Die Botschaft der Münsterglocken

Wenn ich heute zurücksehe, denke ich an die zig Neujahrsnächte, die ich bewusst erlebt habe. In meiner Kindheit, lange vor dem Reich Hitlers und vor dem Krieg, bin ich jede Neujahrsnacht mit meinen drei Brüdern und mit meiner Mutter zusammen aus der Stadt Ulm hinausgewandert, sodass wir mit dem Schlag zwölf Uhr oben auf einem der Berge waren, die sich um Ulm her erheben. Da fingen dann die Glocken des Ulmer Münsters an zusammenzuläuten, tief und voll mit ihrer ganzen tragenden Kraft. Es war ein Geläute, das wohl so leicht nicht seinesgleichen anderswo wiederfindet. Alle Anfänge in meinem Leben hatten irgendwie etwas mit diesen Glocken zu tun. Und ich höre sie bis heute sagen: Es mag dir widerfahren, was will. Es führt dich einer. Er hat einen Plan mit dir. Was du hast an Kraft und Güte, ist ein Geschenk. Alle Wahrheit, die du verstehst, alle Liebe, die dir begegnet, hat dir einer zugedacht. Alles, was dir zufällt, fällt dir aus einer guten Hand zu. Was dir schwer aufliegt, ist dir auferlegt durch einen großen und wissenden Willen. Öffne dich also dem, was kommt.

Jene Glocken haben mir die Vision mitgegeben von einem geistigen Kraftfeld, das unter Menschen wirksam ist und das in der Übereinstimmung vieler mit dem Willen Gottes besteht, in der „Gemeinschaft der Heiligen".

Wenn ich heute zurücksehe, so bemerke ich, dass da viele deutliche Zeichen sind, dass ich geführt worden bin. Ich widerstrebe also Gottes Führung auch nicht in der Zeit, die vor mir liegt. Bisher ist in meinem Leben eins aus dem anderen hervorgegangen, das Spätere aus dem Früheren, in bemerkenswerter Geradlinigkeit. Auch die Zukunft wird aus dem, was inzwischen mit mir und durch mich geschehen ist, ganz selbstverständlich hervorgehen. Es gab Wendungen, die ich nicht wissen, nicht planen und nicht bewirken konnte. Es wird sie auch künftig geben, und ich könnte mit meinem Verstand und Willen auch für die Zukunft nichts wissen oder bewirken. Ich brauche also nichts wirklich um meines Lebens willen in meine eigenen Hände zu nehmen, sondern versuche, hörsam zu werden, sodass ich von Jahr zu Jahr immer wieder vernehme, was sein Wille ist.

Sei ohne Angst

Ich höre seine Stimme.
Sie sagt: Sei ohne Angst.
Nichts kann dich fällen.
Du stehst in Gottes Hand
und wirst drin stehen bleiben.

Sie sagt auch das andere:
Sei ohne Angst.
Lass dich fallen.
Es ist einer da,
der dich auffängt.

Sie sagt: Stehen können,
sich fallen lassen –
dies beides zusammen
ist das Geheimnis der Gelassenheit.
Das Geheimnis des Friedens.

Eins sein mit allem

Mir ist vor vielen Jahrzehnten das Wort Hölderlins begegnet, mit dem er seinen „Hyperion“ schließt: „Eins zu sein mit allem, was lebt ...“ Es hat mich seitdem in vielerlei Bedeutung begleitet. Als ich ein Schüler war, fand ich in ihm den Traum von einer mystischen Einheit zwischen der Seele und der Welt. Als ich den Krieg erlebte, war es mir eine Zuflucht, wenn mir die Welt der Menschen mit ihren Lügen und Verbrechen unerträglich wurde. Als ich erwachsen war, fand ich in ihm die Anweisung, das Elend der Menschen und der Geschöpfe dieser Erde wie mein eigenes mitzuerfahren. Heute, da ich alt bin, finde ich in ihm die Deutung des großen Zusammenhangs zwischen allen Schichten und Dimensionen, der mich auch weiter umgeben wird über dieses Leben auf dieser Erde hinaus. Eins zu sein mit allem. Mit dem lebendigen, umfassenden und alles durchdringenden Geist. Nicht abgetrennt sein von der Erde. Nicht allem anderen arrogant gegenüberstehen, sondern ihm zugehören und so dem Fluch der Wurzellosigkeit nicht verfallen, der die Ursache so vieler Krankheiten ist, denen die Seelen moderner Menschen zum Opfer fallen. Nicht dem Hass gegen die Schönheit und Würde der Dinge verpflichtet sein, der heute dieses „alles, was lebt“ zerstört.

Dein Wille ist geschehen

Wenn ich zurückblicke, mein Schöpfer,
begegne ich dir und deinem Willen.

Dein Wille ist geschehen,
als ich die Taufe empfing,
und ich bin nun nicht mein eigener Herr,
sondern dein Eigentum.
Ich bejahe deinen Willen.

Dein Wille ist geschehen
auf allen merkwürdigen Wegen,
die du mich geführt hast,
in allem Unerklärlichen und Seltsamen,
das in meinem Leben geschehen ist.
Ich bejahe deinen Willen.

Dein Wille ist geschehen
in den Tagen, an denen ich glücklich war,
an denen ich Liebe empfangen

und Erfüllung und Freude gefunden habe.
Alles Glück ist in Gefahr. Das hast du bestimmt.
Ich bejahe deinen Willen.

Dein Wille ist geschehen
auch auf allen dunklen Wegen
des Elends und der Angst.
Ich danke dir, dass ich nicht zugrunde ging.
Ich danke dir, dass ich meine Schuld
nicht büßen muss.
Ich danke dir, dass ich eins bin mit dir
und nicht zerfallen mit mir selbst.

Dein Wille ist meine Kraft
in meiner Schwäche.
Ich nehme deine Kraft an und vertraue ihr.
Dein Wille ist es, der mich weiterführt
bis zum Ende meiner Tage und weiter.
Dein Wille geschieht. Ich bitte dich,
dass er geschieht, auch durch meinen Willen.

Heimat in Gott

Mich hat ein langes Leben gelehrt: Wer sich offen hält dafür, dass es eine Macht gibt, die um ihn her und in ihm selbst ist und die er, wenn er will, Gott nennen kann, der weiß besser, wo er zu Hause ist. Er braucht nichts zu sein, was er nicht ist. Er braucht nichts darzustellen, was er nicht mit seinem ganzen Wesen abdeckt. Er braucht nichts zu leisten, was er nicht kann. Er lebt im Frieden. Und wer festhält, dass dieses Leben nicht das Ganze ist, dass er also nur für kurze Zeit in diese Welt eingetaucht ist und sein Weg danach weiterführt, der weiß, dass er, was immer ihm geschieht, unbedroht ist.

Sorge dich nicht!

Es war nicht alles Sonnenschein,
was du erfahren hast, wie wir alle,
und nicht alles ging ab ohne Bangen.
Und doch sagt Jesus: Sorge nicht.
Regen und Sonne kommen aus derselben Hand.
Du kannst kein Haar auf deinem Kopf
schwarz oder weiß machen mit deiner Sorge.

Du kannst nicht planen, was kommt,
du kannst es nicht wissen.
Wenn das Wasser dunkel wird
und die Wolken tief sind, dann vertraue,
dass da einer ist, der dich führt.

Wichtig ist am Ende, dass da einer ist,
der deinen Weg weiß.

IV.

Gemeinsam älter werden

Liebe

Ich habe leicht reden.
Ich bin einigermaßen gesund.
Und vor allem: Die ich als junges Mädchen
heimlich verehrte, einen Krieg lang,
dann zur Frau nahm, als wieder Frieden war,
sie ist noch an meiner Seite
und teilt meine Tage mit mir.
So ist es keine Kunst, alt zu sein. Ich weiß.

Denn das ist doch der Traum der späten Jahre:
einen stillen, warmen Abend lang
vor dem Haus sitzen,
gemeinsam, auf einer Bank, und ruhen.

Es braucht nicht viel zu geschehen.
Es muss nur gelten,
was ein Leben lang gegolten hat,
denn die Augenblicke des Verzagens
werden kommen, in denen eins für das andere
den Mut bewahren muss und das Vertrauen.
In denen der eine dem anderen zuhört,
ihm die Hand hält, ihn erinnert.
Für ihn vor Gott bringt, was da zu tragen ist.

Und wenn ihre Kraft abnimmt,
sind sie immer noch geliebt.
Und was gäbe es, das besser wäre?

Die Liebe wird weiter

Liebe im Herbst wird weiter.
Weiter um alles, was einmal war.
Und weiter auch um alles,
was den kleinen Lebensraum
der Liebenden umgibt.

Liebe im Herbst schließt, mehr und tiefer
als bisher, alle Dinge, alle Wesen ein.
Sie wendet sich über den Menschen hinaus
all den Wesen zu, die, dem Menschen gleich,
der Vergänglichkeit unterworfen sind,
und sie tut es desto herzlicher,
je verletzlicher sie sind,
je zerbrechlicher ihr Leben ist.

Liebe im Herbst wird zu einer Liebe,
die sich dem Tier und der Blume zuwendet,
dem nassen Gras und dem braunen Laub.
Liebe im Herbst gewinnt, vielleicht ist es neu
im Lauf eines Lebens, so etwas wie Demut hinzu.
Sie bezieht den Menschen ein
in die große Gemeinschaft
der gefährdeten Dinge.
Und sie empfängt die dankbare Antwort
jener kleinen Welt, der er sich zuwendet.
Sie liebt ihn wieder. Sie beschenkt ihn,
der sich ihr zuneigt.

Annehmen, was ist

Vor einigen Jahren schrieb ich ein kleines Buch mit dem Titel „Ich werde gerne alt“. Inzwischen möchte ich es wiederholen: Ich werde wirklich gerne alt. Ich weiß, es ist keine Kunst, das zu sagen, wenn man noch zu zweit ist und die Mühsale des Alters erträglich sind. Aber ich meine es tiefer. Ich meine, wir können ein Ja dazu finden, dass das Leben mühsamer wird. Dass es einsamer wird um viele Freunde, die von uns gehen. Dass es seinen vordergründigen Sinn zu verlieren scheint, dass es dem Tode näher rückt, dass der Glaube, der ein Leben lang getragen hat, sich neu fragen lassen muss, ob er denn so gewiss sei, wie er vorgibt. Wir könnten ein Ja finden zur Schwäche. Zur Schwäche des Gedächtnisses, aber auch der Augen, des Gehörs, der Hände, der Beine, zur Langsamkeit der Bewegungen und der Reaktionen. Zur Fremdheit gegenüber den Jüngeren, die unseren Platz einnehmen. Wir könnten ein Ja finden zur Kürze der

Zukunft, für die es kaum mehr möglich ist, Pläne zu machen, die über das Nächstliegende hinausgehen. Ich meine, wir könnten in einem äußersten Sinn auch ein Ja finden zu dem, was in unserem Leben misslungen ist, was nicht gut war, was wir bislang gerne unter dem Deckel der Verdrängung gehalten haben, zu Schuld und Versagen, zu unserem Ehrgeiz und zu allen nicht so ganz lauteren Motiven, zu allem, was vertuscht und verdeckt worden ist. Zu dem auch, was die Bibel „Sünde" nennt und was ja etwas ganz anderes ist als das, was man gemeinhin so nennt. Sünde spielt ja nicht zwischen anderen Menschen und uns oder zwischen uns und uns selbst, sondern in erster Linie zwischen Gott und uns, und sie bedeutet, dass wir sehr grundsätzlich abseits der Aufträge Gottes unsere Wege suchen, dass wir dort, wo wir ihm begegnen sollen, ihm ganz natürlich immerfort ausweichen und dass wir stumpf werden gegenüber seinen Zeichen und unempfindlich gegenüber seiner Nähe. Wenn ich dazu Ja sage, dann meine ich damit nicht: Es war schon recht, es war nicht so schlimm. Sondern ich meine: So war es. Kein Zweifel: Es war so und nicht anders. Und das alles lege ich in Gottes Hände und bitte ihn, es möge mich nicht von ihm trennen. Denn das heißt ja „Vergebung der Sünden“: dass das, was gewesen ist, seine Macht über unsere Seele verliert und die Heimkehr zu Gott nicht mehr hindert.

In diesem Sinn werden wir, meine Frau und ich, miteinander alt. Wir hüten gelegentlich miteinander unsere Enkelkinder und wünschen ihnen, dass ihnen etwas vom Wunderbaren eines gemeinsamen Menschenlebens bewahrt bleibe, auch in dieser so anderen Epoche, und dass ihnen die andere Welt, die stillere, in der das Gnadenhafte geschieht, offen sei, wie sie sich uns selbst Jahr um Jahr immer wieder aufgetan hat.

Gnade

Dass du unberührt bleiben mögest von Trauer, unberührt vom Schicksal anderer Menschen, das wünsche ich dir nicht. So unbedacht soll man nicht wünschen. Ich wünsche dir aber, dass dich immer wieder etwas berührt, was ich dir nicht so recht beschreiben kann. Es heißt „Gnade". Gnade ist ein altes Wort, aber wer sie erfährt, für den ist sie wie Morgenlicht. Man kann sie nicht wollen und nicht erzwingen, aber wenn sie dich berührt, dann weißt du: Es ist gut.

Lebensglück

Mir hat sich da etwas sehr Altmodisches bewährt. Ich habe mit meiner Frau nun mehr als fünfzig Jahre glücklich und im Frieden zusammengelebt. Was wir planten, haben wir miteinander geplant. Was wir dachten, dachten wir gemeinsam. Und was schwer war, haben wir miteinander getragen. Wir haben einander so genommen, wie wir waren, und haben einander nicht anders gewünscht. Natürlich kann niemand alles erfüllen, was man von ihm erwarten möchte, und manchmal haben wir auch auf irgendetwas verzichtet, was uns ein anderer oder eine andere vielleicht hätte besser geben können. Aber es war schön – von unserer brausenden Begeisterung in jungen Jahren, als die Geliebte ein quicklebendiges, strahlendes junges Mädchen war, über das Glück mit unseren vier kleinen Kindern, über lange Jahre der Mühe und der Arbeit und bis zu dem Frieden, in dem wir heute leben, und wir sehen dankbar auf ein reiches Leben zurück. Nun sind wir alt und müssen jeden Tag damit rechnen, dass der eine oder die andere krank wird oder stirbt, dass der oder die eine den anderen zu pflegen hat oder ihm nachzutrauern. Und auch dabei wird uns unser langes gemeinsames Leben helfen. Denn das Glück steht und fällt am Ende mit der Verlässlichkeit, der eigenen und der des anderen.

Das wichtigste Glück ist am Ende, dass man mit dem geliebten Menschen alt werden darf, mit dem Menschen, auf den dann fünfzig oder mehr Jahre Verlass war. Wenn jemand gestorben ist, wird einem immer wieder das eine auffallen: Entweder hat dieser Mensch geliebt – oder sein Leben ist sinnlos gewesen.

Die ruhende Gelassenheit des Liebens

Denn was ist Liebe im Herbst?
Vielleicht zeigt sie nur:
Ich bin glücklich, dass du da bist.
Einfach da.
Es muss nichts geschehen, nichts Erregendes,
nichts Großartiges.

Vielleicht sagt der Liebende nur:
Ich lege mich in deine Hand
und will weiter nichts,
als dass du mich in der Hand hast.
Die Zeit, in der ich beweisen wollte,
dass ich etwas Besonderes sei,
etwas Wichtiges, ist vorbei.

Lass uns ruhen.
Ich fange dich auf. Du mich.
Ich lasse dich ruhen und bleibe bei dir.

Ich will nicht tun und nicht leisten.
Ich will nur sein,
und ich will, dass du sein kannst.

Ich nehme dich, wie du bist.
Ich liebe dich und möchte,
dass du dein eigentliches Wesen,
deine eigene Gestalt,
deine Freiheit gewinnst.

So bist du, und so liebe ich dich.
Aber es ist noch mehr in dir,
das noch nicht sichtbar ist.
Das wollen wir gemeinsam finden.
Denn Herbst – das ist Wachstum nach innen.

In der ruhenden Gelassenheit des Liebens
lass uns lebendig bleiben
und bis zu einem gewissen Grade „jung“.
Leib, Seele und Geist sollen eins sein
und gemeinsam lieben.

V.

Lebensbilanz

Spiegelungen

Was in den Jahren geschehen ist, liegt in mir, als wäre ich ein See, und spiegelt sich in meinen Gedanken. Und vielleicht wird einmal ein Gebet daraus. Vielleicht so: Wenn ich zurücksehe, spiegelt sich in mir deine Güte wie ein Gipfel im Wasser. Tage des Glücks, Tage der Liebe spiegeln sich. Ich bin reich geworden durch dich. Ich danke dir. Tage der Angst, des Elends, der Verlassenheit spiegeln sich. Du hast mich hindurchgeführt.
Ich danke dir für die Klarheit, mit der ich dich erkenne. Für deine Güte, die mich weiterführen wird bis ans Ende meiner Tage und bis an mein Ziel: zu dir selbst.

Herbst des Lebens

Ich liebe den Herbst besonders.
Das Laub fällt.
Die Bäume lichten sich.
Ihre eigentliche Gestalt wird sichtbar.
Wälder, Gärten, Alleen
werden freier und klarer.
Die Landschaft öffnet sich.

Ein alter Baum steht vor meinem Fenster.
Der Wind fährt durch ihn hindurch,
und die bunten Farbfetzen jagen,
wirbeln, schweben oder stürzen
in schrägem Fall davon
und zur Erde.
In wenigen Tagen wird das urige,
ragende Bild eines Baumriesen
kahl und klar dastehen.
Und dann mag der Schnee kommen.

Es ist nicht viel Fantasie nötig,
das eigene Schicksal und das des Baums
zusammenzusehen.

Sehen wir uns in den Blättern?
Fallen wir, wie sie fallen?
Sind wir das – dieses Laub,
das am Baum unseres Lebens gewachsen ist,
das sich verfärbt, starr und welk wird
und schließlich in Erde übergeht?

Sehen wir unser Schicksal in den Blättern,
dann ist der Frühling, der folgen mag,
für andere, nicht für uns.
Wir sind entbehrlich,
und das Spiel der Frühlinge
und der Herbsttage
mit seinem unermüdlichen Kreislauf
wird ohne uns fortgehen.

Denn in der Tat:
Was im Frühling neu aufbricht,
ist nicht mehr das Laub,
das im Herbst fiel.
Aber warum sehen wir unser Geschick
in den Blättern statt im Baum?
Deutet der Baum selbst,
was mit uns geschieht,
dann ändert sich das Bild.
Dann wird der Herbst schön.
Das Laubwerk nimmt die Farbe
der Erde an und geht in die Erde ein.
Es fällt wie ein Kleid.

Der Baum selbst aber gibt nicht nur
die Blätter ab.
Er holt seine Säfte zusammen.
Er sammelt sich.
Er ruht unter Nebel und Regen,
Reif und Schnee,
bis das neue Kleid
sich um ihn legt.

Dann ist auch das Fallen schön.
Wenn da ein Grund ist,
der das Laub behutsam aufnimmt,
ist die Bewegung, mit der ein Blatt
sich vom Ast löst, schön.
Und es ist schön,
wie die Gestalt des Baumes,
die gewachsene, sichtbar wird.
Ich mag laublose Bäume,
ihre Klarheit, ihre Struktur.

Herbst, das ist wachsende Einsamkeit.
Es will sich etwas klären.
Nicht nur der Schmuck,
nicht nur Kraft und Schönheit
wehen davon,
es kommt vielmehr eine Gestalt heraus.
Sinn deutet sich an.

Denn die Ernte eines Lebens
liegt nicht nur in den goldenen Früchten,
die in den Gärten reifen,
sie liegt auch in der Einsicht
in das Gesetz, nach dem unser Leben
sich vollzieht, das Gesetz,
das Gott gestiftet hat und das vor Gott gilt.

Werk und Tat, Plan und Erfolg
verlieren ihre aufgeblasene Wichtigkeit.
Die Kraft wendet sich nach innen,
und es geht ums Durchhalten
mit anderen, für andere.
Ums Helfen, Stützen und Dabeisein.

Dankbarkeit

Ich bin dankbar für ein langes Leben. Für Menschen danke ich, die ich liebte, die mir wichtig waren, Lehrer und Weggenossen. Für viel Erfahrung, für Tun und Werden.

Wie sollte ich darüber klagen, dass ich manchmal vergesse, was vergangene Woche war, da doch lange Jahre gegenwärtig sind, als wären sie kurze Wochen gewesen, und die Figuren des frühen Spiels anfangen, aufs Neue ihr Spiel zu treiben?

Ich brauche nicht zu beweisen, wie viel ich noch tauge, wie viel ich noch kann, wie groß meine Kräfte sind. Die kleinen Dinge werden es sein, die irgendwann Zeichen waren für Begegnungen und Erfahrungen. Ein Bild an der Wand. Ein Stein. Eine getrocknete Blüte. Ein Foto. Briefe vor allem, lesbare Morgen- und Mittagstage des Lebens.

Die Feier des Ganzen

Ich habe mich auf den Wegen eines langen Lebens satt gegessen an allem Teilweisen, an allem, was sich in Gegensätze und Widersprüche auseinanderspreizt. An allem, was sagt: Nicht so, sondern so. Ich suche nur noch das Eine und das Ganze. Und es scheint mir gleich viel, ob man dabei von der unendlichen Leere oder der unendlichen Fülle reden will. Denn die unendliche Fülle verstehen wir auf keine Weise, und sie wird uns immer als Leere erscheinen. Ich suche nicht mehr nach dem gespaltenen Gott, der uns Menschen in dieser Welt allein zugänglich ist, sondern nach dem ganzen, dem unendlichen, dem fernen und nahen, dem lichten und dunklen, der alles in Einem ist. Ich suche nicht mehr dieses zerrissene Dasein, das fragwürdige, mühsame, das in Tod und Leben geteilte, sondern das ganze, das geheilte, das heilende.

Ich suche in mir selbst nicht mehr den gespaltenen, den in Widersprüche zerrissenen, sondern den geheilten Menschen. Nicht den, der den Augenblick immer nur von Ausschnitten seiner selbst aushält. Ich möchte, wie Rilke sagt, „das Erlöstsein antreten“.

Alt werden

Ewiger Gott,
ich gehöre zu den Menschen, die man alt nennt.
Ich lebe im Abend. Bald wird es Nacht sein.
Lass mich nicht allein bei den letzten Schritten.

Mein Leben hatte einmal Wert und Sinn.
Ich habe gearbeitet, gelitten und gewirkt.
Was ich getan habe, rückt in die Ferne.
Ich bitte dich, mich vor Bitterkeit zu bewahren,
vor der Sucht, mein Wissen und Können
zu beweisen,
vor der Gefahr, zu behaupten,
es sei alles richtig gewesen.
Ich möchte loslassen lernen.
Ich möchte mich auf nichts verlassen
als auf deine Güte.
Lass du mich nicht los!

Meine Kräfte lassen nach.
Krankheiten zehren mich aus.
Der Tod steht vor mir, unausweichlich.
Ich bitte dich, mich vor Verhärtung zu behüten,
vor dem Ausweichen in Illusionen,
vor der Suche nach falschen Hoffnungen.
Ich möchte annehmen, was du sendest,
dass ich eine neue Stufe betrete
und bereit bin, wenn du mich verwandelst.

Mitten unter den Menschen habe ich gelebt.
Nun werde ich einsam. Meine Freunde sterben.
Niemand braucht mich. Jeder geht seinen Weg.
Ich bitte dich, zu helfen,
dass ich mich nicht verschließe
und doch nicht überall mitrede
und dass ich kein Mitleid pflege mit mir selbst.
Ich möchte aus der Stille wirken können,
für andere Menschen eintreten vor dir.
Gib mir die Worte dafür.
Ich bin in deiner Liebe geborgen.
Hilf mir zu lieben.

Kraft

Vielleicht liegt das Entscheidende gar nicht darin, dass wir fragen: Wie viel Kraft hast du? Sondern: Wie viel Kraft geht von dir aus? Und es ist merkwürdig: Es will scheinen, dass dort, wo die wirkliche Kraft der Schwachen ist, zwar am wenigsten Kraft ist, aber am meisten Kraft ausgeht.
Kraft ist eine Sache des Glaubens. Sie ist keine Eigenschaft und kein Besitz, sondern etwas, das zu uns kommt und von uns ausgeht.

Wollen, was Gott will

Wenn einer alt wird, kommt eine Zeit, in der alles davon abhängt, dass er bejahen kann, was gewesen ist und was ihm beschieden war. In der geistlichen Tradition war ein Wort immer von besonderem Gewicht: das Wort conformitas voluntatis, Übereinstimmung des Willens. Es meint, ich solle wollen, wie Gott will und was Gott will. Er hat mich ins Leben gestellt, also nehme ich dieses Leben an. Er hat mich so gestaltet, wie ich bin, also nehme ich meine Gestalt an. Er hat mich mit Begabungen ausgestattet, andere hat er mir verweigert, also wirke ich mit meinen Begabungen und klage ihn nicht an um derer willen, die ich nicht habe. Er hat mir Schwäche und Grenzen mitgegeben, also nehme ich meine Grenzen und Schwächen an. Er hat mir alle Fragwürdigkeiten zugemutet, die uns Menschen gemeinsam sind, also lebe ich mit ihnen. Ich empfange mich aus Gott und nehme an, was ich bin, denn ich bin ja nicht das Wichtigste.

Das Wichtige ist größer als ich. Das Wichtige liegt vor mir. Ich aber diene dem, was wichtig ist. Wenn uns das deutlich ist, wird alles andere merkwürdig klein. Auch wir selbst. Wir aber sind glücklich in dem, was allein groß ist.

Wenn ich auf meinen Weg zurücksehe, begegne ich dem Willen Gottes. Dieser Wille hat sich ausgewirkt auf allen den merkwürdigen Wegen, auch in allem Unerklärlichen und Seltsamen, das geschehen ist. Ich habe viel Güte und Liebe empfangen. So war es sein Wille.

Sein Wille war auch auf allen dunklen Wegen des Zweifels und der Sorge am Werk. Er war und ist meine Kraft in meiner Schwäche. „Habe deinen Weg lieb", hat einer gesagt, „denn es ist der Weg Gottes mit deiner Seele, und ihn schilt nur, wer ihn nicht versteht."

Hier finde ich eines der abgründigsten Themen, die die Frömmigkeit hat. Ich weiß: Gott gibt sich nie in einen fremden Willen, aber er gibt sich ganz, wo er in einem Menschen seinen Willen wiederfindet. Gottes Willen zu wollen ist also die eigent-

lich schöpferische Tätigkeit des Menschen. Schöpferisch im Gegenüber zu Gott ist ein Mensch, der versteht, sich selbst wegzuräumen, und der so Gott erlaubt, in ihm schöpferisch zu sein.
So ist Glaube das Zeichen für die gestaltende Kraft Gottes in der Seele. Und die Seele wächst durch die gestaltende Kraft Gottes zu jenem Baum, den der erste Psalm preist. Wenn Gott unser Ziel ist, so muss er – nach Meister Eckehart – der Täter unserer Taten sein. Und wir werden auf den Wegen unseres Lebens zu jenem „Ganzen“, dem ungespaltenen Menschen, der zu sein man sich in seiner Jugend gewünscht hat.

Ich denke zurück

Gott aller Güter, ich denke zurück.
Ich gehe noch einmal den Weg
durch alle meine Jahre.
Nicht an meine Leistung denke ich.
Sie ist gering.
Nicht an das Gute, das ich getan habe.
Es wiegt leicht
gegen die Last des Versäumten.

An das Gute, das du mir getan hast,
denke ich und danke dir.
An die Menschen, mit denen ich gelebt habe,
an alle Freundlichkeit und Liebe,
von der ich mehr empfangen habe,
als ich wissen kann.
An jeden glücklichen Tag
und jede erquickende Nacht.

An die Güte, die mich bewahrt hat
in den Stunden der Angst und der Schuld
und der Verlassenheit.

An das Schwere, das ich getragen habe,
denke ich. An Jammer und Mühsal,
deren Sinn ich nicht sehe.
Dir lege ich es in die Hand und bitte dich:
Wenn ich dir begegne, zeige mir den Sinn.

Ich denke zurück, mein Gott,
an alle die vielen Jahre.
Mein Werk ist vergangen,
meine Träume sind verflogen,
aber du bleibst.

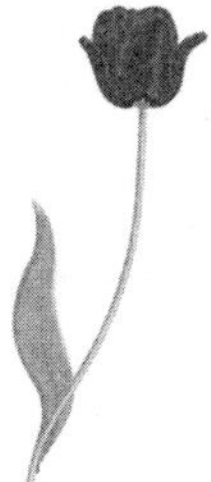

Jahresringe

Manchmal, wenn ich einen eben gefällten Baum liegen sehe, betrachte ich die Ringe seiner Jahre. Die großen Abstände und die engen, die regenreichen Jahre und die trockenen Zeiten. Die Störungen in der Kreisform, die Verletzungen, die Verwachsungen. Es ist das Schicksal eines Baumes, das ich sehe. Ich wende mich ihm zu, ich bedenke dieses Schicksal. Ich weiß danach mehr über diesen Baum und über alle anderen und mehr über den Zusammenhang zwischen ihm und mir, zwischen ihm und den Menschen.

Ernte

Ernte ist etwas anderes als die Fertigung eines Werkes. Sie ist ein Gut, das durch die Gnade und den Segen Gottes entsteht und uns zuwächst, nachdem wir unser eigenes Gut, die Saat, lange vorher in die Erde geworfen und also verloren hatten. Reife ist vor allem anderen ein Gut, das in uns selbst wachsen muss. Nicht, was uns von außen zuwächst, macht den Reichtum der Ernte aus, sondern was aus uns selbst dabei geworden ist. Es gehört große Bescheidenheit dazu, das zu sehen und sich am Ende nicht mit all dem trösten zu wollen, was man doch so Großartiges für andere Menschen getan und geleistet und geopfert habe. Der Mensch selbst muss reif geworden sein, sonst gibt es nichts zu ernten.

Hinübersehen

Der alte Mose bestieg noch einen Berg und schaute hinüber in die Freiheit, wie sich in uns allen etwas nach Freiheit sehnt. Und wie wir vielleicht dabei erkennen: Was uns Mühe war, das war in Wahrheit die Güte Gottes. Was da Erfolg war oder Misserfolg, das war in Wirklichkeit das stille, leise Werk Gottes durch unsere Hände. Was wir am Ende sind, das hat Gott in langen Jahren aus uns gemacht, wir aber nehmen, was da war und wurde, an und versuchen, dafür zu danken. Das ist uns zugedacht, dass wir auf der Höhe unserer späten Jahre über die Grenzen hinübersehen. Wach. Wissend. Frei. Wir spüren, wie eine große andere Wirklichkeit auf uns zuströmt. Ein grenzenloser Strom aus Erkenntnissen und Erfahrungen. Gott selbst kommt uns entgegen. Denn das Alter ist nicht das Ende von allem, sondern nur der letzte Takt einer Ouvertüre, und die eigentliche, die wunderbare Musik der Freiheit fängt erst an.

Lebensrückblick

Zurück
in die vergangenen Jahre schaue ich.

Ich konnte mein Leben nicht planen.
Ich konnte es nicht machen
und vorhersehen.
Aber ich ahne die Hand,
die mich führt.

Ich staune über den Plan,
den du, Gott, in mein Leben gelegt hast,
über die Wendungen in meinem Schicksal
und seine Geradlinigkeit.

Du führtest mich,
und ich erkenne, hinterher,
dass es deine Hand war.

Viele meiner Wünsche bleiben unerfüllt,
und ich erkenne, hinterher:
So war es gut.

Ich schaue zurück
und danke dir.

Das Zeitliche segnen

Segen hinterlässt derjenige, der zu Lebzeiten regelt, was an Zeitlichem noch zu regeln ist. Segen hinterlässt derjenige, der seinen Kindern und Enkeln und allen, die ihm nahestehen, zuletzt bestätigt, dass er sie bejaht, ihnen ihr Weiterleben gönnt.

Das Zeitliche segnen heißt: das eigene Leben in Frieden abschließen, heißt aber noch mehr: das weitergehende Leben der anderen bejahen, gutheißen, ihnen Glück wünschen.

Dass ein Gesegneter ein Segen für andere sein kann, wie es in dem Wort formuliert ist: „Ich will dich segnen, und du sollst ein Segen sein“, das ist das Geheimnis des alten, weggehenden Menschen. Und selten kann ein Mensch, der Frieden stiften will zwischen zerstrittenen Menschen, dies so wirksam tun wie auf seinem Sterbebett. Ihm wächst eine Autorität zu, die er in diesem Maß nie hatte. Und es mag sein, dass sich die Christus-Gestalt, die während unseres Lebens in uns wuchs, in der Stunde vollendet, in der wir die Menschen segnen, von denen wir Abschied nehmen.

Der große Zusammenhang

Was einmal gewesen ist, wird mir wichtiger mit den Jahren, auch die vergangenen Träume, auch die Hoffnungen, die sich so anders erfüllten, als sie gedacht waren. Und ich finde den großen Zusammenhang. Nichts ist vergangen. Es ist noch alles in mir. Nichts ist verloren. Nichts wertlos geworden.

Abschied

Wenn ich eines Tages weiß, dass mein Tod nahe bevorsteht, dann wünsche ich mir, dass mich irgendjemand noch einmal in meine heimatlichen Berge fährt, hinauf auf die Schwäbische Alb, auf irgendeinen Felsen an ihrem Steilrand wie dem, von dem aus ich als Kind ins Land hinausgeträumt habe. Und ich wünsche mir, dass ich dort noch einmal für mein wunderbares Leben in dieser großen und schönen Welt danken kann, die ich so sehr geliebt habe, und dass ich noch einmal und endgültig das Vorgefühl gewinne von der großen Weite, in die ich hinübergehe. Ich weiß, das sind Wünsche. Es könnte auch sein, dass alles viel enger zugehen wird und viel ängstlicher. Aber die Weite der Welt Gottes wird mir, so hoffe ich, auch in einem engen Sterbezimmer vor der Seele stehen.

Einen zweiten Wunsch habe ich, der noch wichtiger ist als der erste: Ich möchte bei klarem Bewusstsein sterben. Ich möchte bei meinem Tod noch dabei sein. Ich möchte noch ein Wort sagen können zu den Menschen, die mit mir verbunden waren. Ich fände es schön, könnte ich jedem meiner Kinder und Enkel noch etwas sagen über seinen weiteren Weg, und ich könnte meiner Frau danken für die vielen schönen und reichen Jahrzehnte und ihr sagen, dass unsere Verbundenheit mit dem Tod nicht endet. Vor allem: Ich möchte es hören, wenn jemand über mir einen Reisesegen spricht. Etwa den:

„Gott behüte dich.
Er behüte deine Seele.
Er behüte deinen Ausgang und Eingang
bis in Ewigkeit."

Noch ist es nicht soweit. Noch liegen mir die Aufgaben dieses irdischen Lebens vor der Hand. Aber solange wir hier leben und atmen, kann von unserem Glauben und unserer Hoffnung schon für diese Erde etwas ausgehen.

Segen

Gott sei vor dir
und zeige dir den rechten Weg.
Gott sei nahe dir
und lege seinen Arm um dich.
Gott sei hinter dir,
dich gegen alle dunkle Macht zu bewahren.
Gott sei unter dir,
dich aufzufangen, wenn du fällst.
Gott sei in dir,
dich zu trösten, wenn du traurig bist.
Er sei um dich her,
dich zu schützen in der Angst.
Er sei über dir
wie die Sonne am Himmel
und segne dich mit seiner Kraft.

Quellenverzeichnis

Die Texte stammen aus den nachfolgend aufgeführten Titeln von Jörg Zink. Die erste Zahl bezieht sich auf die Seite im vorliegenden Band, die zweite Zahl in Klammern gibt die Seite im Originaltext an:

An meine Enkel, Stuttgart 1999: 16 (4); 76 (14); 89f. (10f.)

Auferstehung, Freiburg 2011 (Erstausgabe Stuttgart 1999): 116 (95f.); 122f. (94)

Das christliche Bekenntnis, Stuttgart 1996: 59 (107)

Das Geschenk eines jeden Tages, Stuttgart 2005: 124 (381)

Dein Geburtstag sei ein Fest, Stuttgart 2005 (Erstausgabe 1987): 7 (28); 21 (26); 39f. (34); 49f. (41); 77 (15); 97 (18); 121 (12)

Der große Gott und unsere kleinen Dinge, Stuttgart 1996: 108 (45)

Die goldene Schnur, Stuttgart 2008 (Erstausgabe 1999): 23 (39); 25 (44); 36ff. (267f.); 41 (266); 44f. (264f.); 48 (263f.); 53 (281); 67 (281); 104f. (277f.)

Die Mitte der Nacht ist der Anfang des Tages, Freiburg 2010 (Erstausgabe Stuttgart 1968): 35 (7)

Die Urkraft des Heiligen, Freiburg 2008 (Erstausgabe Stuttgart 2003): 66 (441)

Dornen können Rosen tragen, Freiburg 2009 (Erstausgabe Stuttgart 1997): 13 (73); 72f. (339)

Erfahrung mit Gott, Stuttgart 2008 (Erstausgabe 1974): 14f. (214); 18 (34)

Ich werde gerne alt, Freiburg 2010 (Erstausgabe Stuttgart 1989): 17 (8); 19f. (3f.); 30f. (22f.); 54f. (31); 62f. (45); 81f. (17); 103 (16)

Mehr als drei Wünsche, Freiburg 2010 (Erstausgabe Stuttgart 1982): 88 (7)

Dr. Jörg Zink, geboren 1922, ist einer der bekanntesten evangelischen Theologen unserer Zeit. Seine Bücher zu Fragen des Lebens und des christlichen Glaubens haben sich millionenfach verkauft (zuletzt bei Kreuz erschienen: *Vom Geist des frühen Christentums).* Sehr persönlich und zuversichtlich, aber ohne Idealisierung hat sich Zink in seinem Werk immer wieder mit dem Älterwerden auseinandergesetzt. Einen kleinen, inspirierenden Einblick in seine Gedanken bietet das vorliegende Buch.